그 집은 대문이 없습니다

그 집은 대문이 없습니다

초판 1쇄 인쇄 2024년 08월 20일
초판 1쇄 발행 2024년 08월 30일

신고번호 제313-2010-376호
등록번호 105-91-58839

지은이 박규열

발행처 보민출판사
발행인 김국환
기획 김선희
편집 조예슬
디자인 다인디자인

주소 경기도 파주시 해올로 11, 우미린@ 상가 2동 109호
전화 070-8615-7449
사이트 www.bominbook.com

ISBN 979-11-6957-218-7　　03810

- 가격은 뒤표지에 있으며, 파본은 구입하신 서점에서 교환해드립니다.
- 이 책은 저작권법에 의하여 보호를 받는 저작물이므로 무단 전재와 복사를 금합니다.

그 집은 대문이 없습니다

박규열 시집

꽃잎 하나에도 가슴이 일렁이는 걸 보니
옛 시절 사랑의 종소리가 아직도 퍼지고 있나 보다

추천사

　시인이 그려내는 인생과 그리움은 지나간 시절에 대한 것들이 많았다. 과거의 힘들었던 시간과 만나면서 자신을 돌아보고 성찰하는 형태라 하겠다. 하지만 그가 표현한 세계는 정겹고 따뜻하며 안정적이고 근면 성실하였다. 이에 자신에게 위로와 박수를 보내는 시편도 여럿 보인다. 지금까지 꿋꿋하게 살아온 시인에게 필자도 박수를 보탠다.
　이 시집은 시인이 지나온 길 위에서 마주친 삶의 모습을 잔잔한 언어로 독백하듯 이야기하고 있다. 이를 위해 시인은 우리 곁에서 스쳐 가는 작은 순간들을 긍정적인 시선으로 포착하고, 그 안에 담긴 감정과 생각을 섬세하게 풀어내고 있는데, 그 속에서 느낀 감정들은 시인의 언어를 통해 독자의 마음 깊숙이 스며들 것이다.

　또한, 잔잔한 언어의 향연 속에서 독자는 삶의 진정한 의미를 찾아가는 여정을 시인과 함께하게 될 것이다. 우리는 일상 속의 특별함을 다시금 깨닫게 되며, 각자의 길 위에서 서로 어울리며 서로를 느끼며 빛나는 삶을 더불어 살아갈 용기를 얻을 수 있을 것이다. 비록 우리에게도 시인과 같이 어려웠던 시간은 지나갔지만 아직도 그 시간의 기억이 남아 있다. 하지만 앞으로의 시간이 훨씬 의미가 깊고 소중한 시간이라 하겠다. 가족이 있고, 사람이 있고, 시가 있고, 세월이 한참 남아 있다. 자신이 있고, 존재가 있고, 수많은 만남이 있다.

어쩌면 시인으로 산다는 것은 자신과 사회를 생각하는 것이다. 시인에게 앞으로 남은 숙제라 하겠다. 또한, 시인으로 산다는 것은 미세한 틈을 보이면서 굶고 있는 어떤 현상을 표현하는 것이다. 이것이 철학이요, 삶이다. 시인의 해맑은 영혼을 만나면서 우리 사회가 더 밝고 튼튼해질 것이라 믿는다.

2024년 8월
편집장 김선희

시인의 말

이 책을 손에 들고 계신 모든 분께,

안녕하세요? 저는 시를 사랑하는 시인입니다. 저의 몸은 비록 장애를 가지고 있지만, 장애인이라는 생각은 하지 않고 살아갑니다. 마음과 정신은 그 누구보다 자유롭기 때문입니다. 저의 시는 저의 생각과 감정, 경험을 담고 있습니다. 이 시집은 저의 삶의 이야기를 담고 있어서 때로는 힘들고 어려운 이야기일 수 있지만, 그것은 저의 삶의 진실입니다. 저는 이 시집을 통해 저의 삶을 공유하고, 다른 사람들에게 희망과 용기를 전하고 싶습니다.

이 책을 읽는 동안 여러분이 느끼는 모든 감정과 생각을 솔직하게 표현하고, 그것을 통해 자신을 더 잘 이해하고 성장하는 데 도움이 되길 바랍니다. 마지막으로, 이 책을 읽는 모든 분께 감사의 말씀을 전합니다. 여러분의 시간과 마음을 나눠주셔서 감사합니다. 이 책이 여러분에게 의미 있는 경험을 제공하길 바랍니다.

2024년 8월
시인 박규열

목차

추천사 … 5
시인의 말 … 7

제1부

인생

새벽에 잠이 깬 이유 … 16
빈 배 … 17
밤에게 … 18
나그네가 하는 생각 … 20
다리를 건너며 … 22
하늘과 내 마음 … 23
늙어가는 중 … 24
인생의 부(富) … 25
고독은 침묵하지 않는다 … 26
존재 … 28
비워라 … 30
황홀한 말 … 32
낚시 … 34
혼자일 때 … 35
풀 … 36
밤과의 관계 … 37
외로워질 때 … 38
그것은 인생 … 39
잠자리에서 … 41

무소유 … 42
마음의 뒤편 … 43
비 온 날의 소묘 … 44
무덤 세레나데 … 45
고독사 … 47
고독사의 독백 … 48
소극적 랩소디 … 50
무슨 죄를 지어서 … 51
인생 (1) … 52
나그네의 해석 … 53
휴지(休之) … 55
인생 (2) … 56
고독의 애교 … 58
어스름이 오기 전 … 59
욕심 … 60
고독 … 61
저길세 … 62
외로움 … 64
의자에 앉아서 … 65
내가 사는 이유 … 67
여행 … 69
나그네 … 70
무덤 … 72
얻은 것 중 … 73
이것이 인생 … 74
창문 틈에 낀 생각 … 76
외로움 때문에 … 78
밤 앞에서 … 79
저 하늘을 벗어나자 … 80
마른 풀 … 82
불면증 … 83

제2부

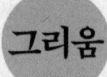
그리움

흐린 날의 밤 … 86
이 밤에 … 87
창문에 뜬 달 … 88
비 오는 창 앞에서 … 90
비 오는 날 … 92
울고 싶은 날 … 94
우산 … 96
장마 … 97
밤비 … 99
가랑비 … 100
비 (1) … 101
비 (2) … 102
친구야 … 103
아름다운 이름 … 105
찻잔 … 106
반달 … 107
가을에는 사랑하고 싶다 … 109
잊는 과정 … 110
그대가 보고플 때는 … 112
밤의 그리움 … 113
그리움이 분다 … 114
6월에 … 115
그리움의 반복 … 116
기어코 … 117
꽃 … 118
가을을 보내며 … 119
선물 … 120
소원 … 121
고향 … 122
이런 생각 … 123

너의 얼굴 … 124
마음에 문을 열고 … 125
매화가 필 때 … 127
파출소와 목련 … 128
이슬 같은 것 … 129
오늘은 … 130
어쩔런가 … 131
별 … 132
찔레꽃 … 133
시들지 않는 꽃 … 134
방불 … 135
겨울밤 … 136
눈이 온대요 … 137
사랑비 … 138
겨울나무 … 139
춘우(春雨) … 140
주어진 시간이 아니다 … 141
그리움 … 143
가을이다 … 144
그리운 것 … 145
그리운 사람 … 146
홍시 … 147
안심 … 148
그 집 … 149
시골길 … 151
솟대 … 152
별은 … 153
새해 … 154
타인 … 155
이별 후 … 157
먼 훗날 … 158

꽃 바보 … 159
삼일절 … 160
기다림의 플랫폼 … 162
기다림 (1) … 163
구절초 … 164
기운다 … 165
가을밤 … 166
여명 … 167
마음 … 169
독도 … 170
헤어지자란 말 … 171
가을비가 오려고 한다 … 172
빈집 … 173
희석 … 174
빨간 대문집 … 175
처서(處暑) … 177
사랑이란 … 178
길 … 179
이렇게 … 180
그대 오려는가 … 181
어머니께 … 182
4월의 끝날 … 184
봄은 가고 … 185
벚꽃 … 186
아버지께서 생각하시겠지 … 188
봄노래 … 190
그리움은 바람처럼 … 191
기다림 (2) … 192
창밖에는 … 193
추운 날 … 194

그것은 그리움 … 195
봄길 … 197
매화 … 198
꽃이라 한다 … 199
중년 … 201
봄바람 … 202
밤하늘 아래서 … 203
봄의 끝자락에 내리는 비 … 204
겨울을 말한다 … 206

제1부

/

인
생

작은 씨앗의 무게로 틈이 간 어둠에서
살아 있는 생명을 가진 진달래가 피어난 것을

새벽에 잠이 깬 이유

누구의 노크 소리
잠든
귓전에 들리나,

세월의 길을 가는
시계의 발걸음 소리였다

참, 애달프다

내가 잠든
때만이라도
쉬어가면 좋으련만,

새벽달마저
너를 비웃는다

빈 배

해야
혼자 지는 해야

네가 남긴
붉은 강물 위를

바람을 미끄러지듯
새가 날아가고

사공은 어디 가고
빈 배만 덩그러니…

잡히지 않는 강물만
바라보다가

돛을 풀어
펼치고 바람을 안는다

밤에게

몰라 주도된다
어차피

둥근 그림자의
구멍 속으로 숨고 말
텐데

우리는 서로
마주 보는 것 같아도 서로의

뒤편… 그니까,

내가 볼 수
없는 뒷모습 거기에
마음을 두고 있어 외로운 거구나,

내가 생각하지 않는 한
너의 침묵은
빛을 잃고 창밖에 갇혀 버릴지니

내가 있어야 너도 있음을
너의 호수에 새겨라

나그네가 하는 생각

잠시

머물다 가는 인생이
아니다

바람의 운명

철새가
될 수 없는 것

난, 매일
한번 죽었다가 한번
산다

다시 살지
못하는 그때

고독이
어둠으로 머물고

밤새 소리
뚫린 내 눈알로 지나갈 때
그것이 나의 영원한 머묾이다

다리를 건너며

철근으로 뼈대를 세우고
시멘트로 살을 입힌

콘크리트 기둥
굳은 생명의 길을

살아 있는
내가 걸어간다

보고
깨닫는다

작은 씨앗의
무게로 틈이 간 어둠에서

살아 있는 생명을
가진 진달래가 피어난 것을

꽃이 죽었지만
꽃은 죽지 않았음을…

하늘과 내 마음

강가를 걷는다
하늘이 강물에 구름 띄워 놓았다
나도 풀잎 던져 띄운다

흐른다
구름 따라 흐른다

내 마음도 흐른다

단지,

나는 제자리

늙어가는 중

내 영혼이여
청춘을
가둬 놓고 열쇠를 주지 않는가,

마음은
갓 자란 애가지

금방 그은
성냥처럼 타오르는 불꽃

얻은 것은 없고
잃은 것만
생각하는 미련한 돼지

시드는 꽃은
물을 주어도 어쩔 수 없는 일

고독의
노을만 짙어져 간다

인생의 부(富)

돌멩이 하나
내 것이 없는 이곳에

뒤돌아보면
마른 발자국만 새겨지고

갈증에 목마름
비 한 방울 내리지 않는다

앞에 보이는
호수와 나무는 아련한데

내 마음에만
있을 뿐 신기루에 지나지 않아

가도 가도
다다를 수가 없구나

고독은 침묵하지 않는다

내리는 저
비는 알고 있을까,

떨어져 내림이
자기로의 시작인 것을…

고즈넉함이
가져온 홀로의 시간은

선물 같은
고독에 들게 한다

고독은
침묵하지 않으며

외로움을 잊고
나를 돌아볼 기회와

메마른 절망 속에
시드는

나의 데이지*를 살아나게 한다

---

*데이지의 꽃말은 희망입니다

존재

길이라… 한들,
내 그림자 새겨질 때만이 길이라

할 수 있고

산이라 이름을 가졌어도
내 발길이 닿아야지 산이라

할 수 있다

비가 없이
강물은 있을 수 없고

나무는
바람 없이 흔들리지 못하듯

내가 없는
성공은 있을 수 없다

이별도

사랑도… 그러하듯,

내가 있어야지
모든 것이 존재함이다

비워라

비가 내린다
잿빛 어둠이 젖어가듯

마음도 고요에
젖는다

큰 산을 덮는
구름이라 하여도
하늘 아래 있는 것을…

있고 없음은
찰나의 순간인데

잘나고 못남을
무엇으로 나눌 수 있는가,

욕심으로
마음 한 포대 가득히 채워도

허공에 재인 것을…

비워라,

욕심으로 가득하면

꼬임에 넘어가기 쉬울지니

황홀한 말

침대와 방바닥 사이
그 틈에서 들려왔다

- 너는 죽을 거야,
아…
얼마나 황홀하고 두려운 말이던가,

무게 없는
깃털이어야 하는데

왜
아직 시멘트 바닥을
기어 다니나,

썩은 군내 대신
향긋한 샴푸 향이 나느냔 말이다

보는 것들은
핏기 없는 검은 손가락질로
욕을 해댄다

하늘이 어둠을
벗어나지 못할 때

버리지 못하는 욕망으로
가득한 몸뚱어리

바위로 짓이겨
기어코 너희의 거름이 되고

나는 공기보다 가벼운 무게로
그 모습 바라보리라

낚시

끝까지 당겨 봐야지
무엇이 잡혔는지 알 수 있는

낚시처럼

인생도 끝까지 살아 봐야지
나를 알 수 있을 것이다

기다림 속에서
월척을 낚듯이

성공도 꾸준히
미끼를 갈아주고 포기하지
않는다면

쟁취할 수 있으리라

혼자일 때

으스름한 저녁이
잎 하나 없이 앙상한 나무를 품고

바람은 어둠을
방 안으로 불어 넣는다

옆집도 어둠에 잠기고
새들은 고개 숙여 밝음을 기도한다

나는 불을 밝혀 어둠을 밀어내지 않고
촛불의 가녀린 불빛과
흔들리는 그림자와 춤을 추리라

고독은 저 밖에 있다

풀

시련에 눌려
힘들어하는 이여 풀을 보라

풀이 바람을
무서워하지 않는 것은

바람이 지나갈 것을
알기 때문이다

바닥까지 넘어져도
다시 일어날 수 있는 것은

그 바닥을
디딤돌 삼아 딛고 일어서기 때문이다

밤과의 관계

너의 침해를
받아들여야 하나,

고독은 있지만
침묵이 없는 생각의 숲에

심지가 타버린
촛불이 꺼지고 나면

창밖을 서성이던 너는
언제나 나를 겁탈했다

바람은 느껴도
꽃은 느낄 수 없는 그… 무엇

너를 알면서도
나를 모르는 사이의 극

지금도 너를
보고 있지만 보이지 않는 선은 있다

외로워질 때

빗소리에 마음을
빼앗겨 외로워진다

아름답지 않은가,

혼자 외로워
음악처럼 빗소리에 젖고

한 잔의 커피
한 모금의 외로움을
마시는 모습이…

외로워질 때는
한없이 외로워져라

그것만이
외로움을 즐기는 일

진정으로 외로우면
그것 또한 느낄 수가 없다

그것은 인생

먼 길 나왔다가
돌아가지 못하는 것이
인생이든가,

머리칼보다
가는 세월에
목숨 하나 달아주고

뫼비우스의 띠처럼
끝없는 물음 속에 나만 남겨둔 채

겉만
변해가는 것이 인생이든가,

방황하던 사랑에
갈등하던 이별에

내게 남은 건 무엇인가,

주어진 시간의 태엽이

다 풀려
어느 곳에 초침이 머물 때

공(空)의 바람 같은 것
그렇게…
빈손으로 가는 것이 인생이라네

잠자리에서

아침을 신이 만들었다고 하지만
그건,

말없이 도는 자연의
경이로움에 대한 배신이다

바뀌는 계절마다 맞는 아침의
감촉은 다르지만 변함이 없는 것이 있다

오! 희망이여, 새로움이여,

어제의 허물을 벗기 위한
혼돈의 밤을 지나고

깨끗한 마음으로 맞는 아침
터질 듯한 설렘이요,
바위 뚫는 새싹이라

나는 다시 눈 뜨길 바라며
묵은 허물 속에서 꿈틀거린다

무소유

겨울에 햇살이
따뜻하다 느낀들 가질 수 있으랴,

밤하늘 별빛이
예쁘다고 해도 방 안에 둘 수 있으랴,

꽃 피는 봄날이
아름답다 해도 잡아둘 수 없다

가지려고만 든다면
집착이고 욕심인 것

타고 온 버스를 보내듯

마음으로도 가지지 않는 게
무소유인 기라

마음의 뒤편

어젯밤부터였다
하늘이 흐린 건,

눈물이
볼을 타고 흘러

육체 안의
나를 적시고

발끝까지 스민다

소나무의 저 새는
솔잎에 찔려서 우는지,

가는 건 말이 많고
오는 건 침묵이구나

비 온 날의 소묘

어디로 가는가,

나는 누구인지
거울 속의
허수아비에게 물었다

입이 없다

뒤편에
그림자가 웃을 뿐,

비가 그쳤다

맑은 산자락이
흘러가는 길에 허수아비

세워야겠다

무덤 세레나데

봄이면 돋아나는

새싹은
어떤 이의 씨앗일까,

문득 떠오르는 사람
그리운 인연을 잊고서

해져가는

육체 속의
영혼이 구름으로 날아갈

그때,

고운 흙이
내 삶을 덮고

이슬이 스미는

메말랐던 곳에
작은 싹 틔우리라

고독사

한순간의 아름다움을 위해
피었다 지는 꽃처럼

태어났으니
죽는 건 당연한 일이지만,

누운 자리에…

나를 비춰주는 빛이 있고
나를 안아주는 공간 있어
가는 길이 외롭지 않구나

하지만,

내, 마지막 말 한마디
들어줄 사람 없어 애달프다

고독사의 독백

한 줄기 바람보다
덧없는 인생

한평생
살았으니 무엇을 더 바라겠는가,

더한다면 욕심이고
아쉬움마저 미련인 것을…

내 죽음 보는 이여
연민을 두지 마라,

서럽게 산 것도
인생이다

살다 가는 모습이
다 같을 순 없지 않은가,

혼자라고 고독인가,
서로 등 돌리면 고독이고 섬인 것을…

그 누구도
나를 알아주는 이 없어

모든 걸 잊은 지
오래였고

한 포기 잡초로도
다시 태어나지 않기를 바라는
인생이라네

소극적 랩소디

새벽은 좀 남았다

혼자 읊조리는 생각들이

말이 되기가
글이 되기가

바위틈에 솟아나는
풀 한 포기보다 어렵다

마음이 닫혀서
나를 벗어나지 못해서

아직,

세상의 답을
찾지 못했기 때문이겠지

무슨 죄를 지어서

나는 어디서
무슨 죄를 지었길래

인생이란 곳에
유배를 왔는가,

꽃이 피고
새가 우는

희로애락 있다지만

죽음의 두려움
끝없는 욕심과 욕망

하늘이 내린 벌(罰)에서
벗어나지 못한 채

찾아주는 오늘
거기에 감사하며 살아간다

인생 (1)

밤새 소리
동무 삼아 거니는 여울가

밤이 물든
여울 속 산 그림자 위로

둥근 달이
떠오른다

어린 치어(稚魚)
달 속을 노닐고

달을 잡으려
손을 내미니

그 깊이가
너무 깊어 닿지를 않네

나그네의 해석

길이라고 바랐던 것이

길이 될 수 없음을
알았을 때

허무함에 싸인 밤을
눈물로 희석했다

내 마음이 나를 잡을까 봐
뒤돌아볼 수 없었던 날(日)

노을 진 산자락에
별을 벗 삼아

들길에 꽃을 벗 삼아
가야만 할 길이 외롭지 않을 거라고
전할 수 있으리

봄볕에 기대어 잠든 사공아,

길이 없는 강물 위에
길이 되어 주게나,

이 강을 건너 길이
멎는 곳에
이슬이 잔디에 내렸으리라

휴지(休之)

비도 내리다 힘이 들면
쉬었다 내리고

가는 길이
지치고 힘들면
쉬어도 갈 수 있는 것을

하물며,

바람도 나무에
쉬었다 가는데

어찌하여,
인생은 휴지(休之)할 수 없는가,

침묵하는 영혼은
자아의 물음에 답이 없구나

인생 (2)

구름이 그리는
가을 하늘 아래서

우습게도
매화가 보고 싶다

몰랐다,
죽음을 생각할 나이가 있을지

인생이 버거울 때
원망의 생각이 꽂히는 건 어머니,

왜! 생겨나
이 힘든 길을 가야 하나,

기차가 도착하면
목적지를 향해 가듯 어머니는

잠시
정차하는 역이었다

종착역 향해 가는 나는,
사색(思索)의 터널을 지나는 중이다

고독의 애교

밤이 눈을 뜬다
아득히 먼 어둠 아니,

가까운 고독

미끄덩한 감촉이
싫다

침묵의 마음은 도망가다가
생채기가 나고

그놈은 피인지도 모를 무언가를
핥는다

망할 놈,

대가리를 징그럽게 비벼대는
역겨운 애교에 괜스레 웃는다

나는 운다

어스름이 오기 전

어스름이 오기 전
해가 살아 있는 저녁나절은

구슬 속
무지개색처럼 아름답다

별을 기다리던
낮달도
노을로 물들인 옷을 해 입고

밭에서 묻은 먼지를 툭툭 털며
오시던 그리운 아버지의 시간

죄짓고 죽어간 영혼도
용서받을 것 같은
황홀함을 주는 이 시간에 오래도록

머문다

욕심

산새 소리
내 귀에 들리니 내 것이고

한 송이 꽃도
내 눈에 보이니 내 것이다

손에 가질 수 없어도
느끼면 가진 것이고
눈 감고 귀 막으면 내 것이 아닌 것,

우리가 좇는
부(富)란 무엇일까,

달밤에 앞서는
그림자처럼 보이지만 잡을 수 없는
허상(虛像)이라 할까,

때 되면 나오고
때 되면 숨는 그림자
부는 잡으려야 잡을 수 없는 그림자이다

고독

고요가 비처럼
내리고

그림자 뒤에
숨어 있던 어둠이

검은 망토를
걸치고 나와

외로움의 진혼곡을
연주하면

무거운 침묵이
춤추기 시작한다

저길세

저기야, 저길세
가야 할 곳 저길세

한 푼 두 푼 모아
삼베옷 해 입고
가야 할 곳 저길세

흔들게, 흔들게
바람 오게 손 흔들어 주게나

돛에 바람 실어

산기슭 돌고 돌아
아침노을 물든 강을
건너야 하네

인사 없이
돌아보지 않아도

손 흔들어 주게

저기야, 저길세

산 이슬 입고 있는
소나무 아래 가야 할 곳 저길세

외로움

길 위에 땅거미 짙어질 때
돌아온 곳에는

신발 한 켤레
간결히 벗어놓고

들리는 건
켜놓고 나간 TV 소리

따르는 술잔은
거울 속 나와의 건배

나의 외로움만큼만
외로워하자

의자에 앉아서

안 하던 짓 하면 죽는다던데
혹시 내가…

머리를 쓰다듬어 주고
어깨를 토닥여 주고
가슴을 어루만져 줘도
손에 닿는 건 내 몸… 뿐

내가 느껴지지 않는다

오귀스트 로댕의
조각처럼 고정된 시선으로
공간의 먼지가 되어 침묵에 쌓이고 있다

충혈된 눈으로
이마에 뾰루지 같은 어둠
창문 한 칸 한 칸에 번지는 어둠을 응시하고

굳은 허리가 부르는 세월의 노래
탄식처럼 긴 한숨 소리를 낸다

들리는가 그대여
보이는가 그대여

비너스의 손을 가진 그대여
나를 그대 무릎에 잠들게 하라

내가 사는 이유

아침이슬만큼
짧은 게 인생이다

물음표 속의
고뇌에 빠져 사는 게

인생이다

구름에 넌 무어냐고
물었더니, 구름이라 한다

꽃에 넌 무어냐고
물었더니 꽃이라 한다

거울 속 나에게 묻는다

나는 누구인가,

무엇을 답하려고
생각에 빠지는가,

나는 나라고 왜
답하지 못하는가,

나에게
사는 이유가 뭐냐고 묻는다면

한 번뿐인 인생
후회하지 않기 위해 산다고 말하리라

여행

바람이 머무는 곳으로
남은 한 잎마저
여행을 떠났는가,

봄이 오면 그곳에서
꽃 피우는 거름이 되는 것을,

인생 여행 떠나온
나 또한

갈잎과 무엇이 다르리,

정해져 있지 않은
그곳에 머물 거던,

가진 것 없이 왔듯이

빈 몸으로 흙이 되어
꽃 한 송이 피우리라

나그네

바람의 질투인가,

떠나가는 구름을
바라만 보는 나무는,

잡으려고도
불러 세우지도 않건만

그리움은 왜
떠나려는 발길을

놓지 않는가,

삶의 마부여!
인생의 마차를 몰다가

구름과 바람이
머무른 곳에서 채찍을 멈춰라

그곳이
내가 누울 자리,
님이 찾아와 울고 갈 자리니라

무덤

풀뿌리로 전해오는
새소리의 간지럼으로

어둠에서
나를 느낄 수 있을까,

떨어지는 빗소리로
영원의 외로움이 아닌 것을…

나만의 두려움도 아닌 것을…

또 한 번의 삶을 위한
끝과 시작에 와 있음이다

얻은 것 중

손에
쥐어야만 가진 것인가,

아침을 선물하는
새소리도 얻은 것이요

자장가 같은
빗소리도 얻은 것이요

더위 식히는 바람도
얻은 것 중의 하나라,

꽃 같은 임을 만나
사랑까지 얻은 것만
무엇을 더 바랄 수 있을까,

한평생 사는 것은
덤으로 얻은 것뿐입니다

이것이 인생

생각을 잊으려고
눈을 감고 잠을 청했지만
꿈에서도 생각이 난다

추억을 지우려고
꽃 대공을 꺾어 버렸지만
꽃은 다시 피어나고

이내 몸이
썩어지기 전까지는

그 생각 잊기 위해
다른 생각 해야 하고

다른 추억으로
그 추억 지워야 한다

끝없는 생각
끝없는 추억

이것이 그리움
이것이 인생이다

창문 틈에 낀 생각

눈 감는 순간
빛은 투명 망토를 덮어쓰고

침묵을 목 졸라
죽인 다음

고독 속에
검은 꽃으로 피워놓는다

비스킷처럼
바스러질 삶이여

벗어난다고 한들…

바람처럼 자유로울 수 없고
구름처럼 가벼워질 수 없다

그 누구라도
틈을 조금만 틔워준다면

긴 한숨을
시원하게 뿜어낼 수 있을 텐데

외로움 때문에

방 불빛이

서서히
밝아오는 해 질 녘,

창문은 내게
기대어 온다

명상에 잠긴
나무는 흔들림이 없어

바람도 없건만…

마음속은
왜 이리 선선해질까

밤 앞에서

나는 밤 앞에 앉아 있다

누구나 있을 수 있지만
누구도 있을 수 없는 그 자리에
묵은 바위처럼 앉아 있다

밤을 왜!
밤이라 하는가,

나는 마음이라 하겠다

신의 자궁을 비집고
생각의 늪으로 머리부터 내미는
어리석은 갓난이와는 다르게 나는

늙어 가는 생각들을
민둥산 검은 밤에 뿌려놓고
잊을까 푯말을 세운다

저 하늘을 벗어나자

해류에
일렁이는 해파리인가,

구름이
기류에 일렁인다

파도가 친다
나무가 뽑혔다
아니다 나무가 탈출했다

저 하늘을 벗어나자

쉼 없이 돌아가는
시간의 건전지를 뽑아내고

지구 공전의 원심력으로
삶의 테두리 속에서
튕겨 나가지 못한다면

저 푸른 감옥을

무슨 수로 벗어나지,

바람의 올가미에
목을 매고 죽을 수밖에…

발목에 채워진
운명의 사슬을 마음의 용광로에
녹여버리고

저 하늘을 벗어나자

마른 풀

삶이란
겨울날 한나절
반짝이다 햇볕 아래 녹아지는
눈꽃과 같은 것을,

바람에 날려가고
별빛에 부서져도

봄꽃 피우는
단비가 될 수 있으면 족하다

기다림은 없고
공허만 남겠지만

이름 없는 잡초로
살다 간 이유는 있었으리

불면증

빛의 색(色)들이
한곳에 모여 밤이 되었다

하늘은 어둠 속에
안겨 버렸지만

망루에 앉았던 어둠이
가로등 뒤편으로 숨어 와

침묵으로
감싼다

나는 어둠인가…
어둠이 내가 되었나…

불을 끄고 온전히
어둠을 받아들임이 잠의

침묵 속에
녹아들 수 있는 거겠지

제2부

/

그리움

나는, 가지 끝에 핀 꽃잎 위에 그리움 올려두고
그 사람이 주워가길 바라봅니다

흐린 날의 밤

흐린 밤하늘
구름 틈 사이로 달이 흐르고

나는 믿었다

생각의 틈 사이에
너의 별 보일까…

소리 없는 비에
젖어가는 나로 인해 나무가 울고

외로웠던 하루도
어둠에 덥혀 그리움으로 저문다

이 밤에

나무가 쉽게
잠들지 못하는 것은

엉큼한 바람의
야릇한 애무 때문이리라

어둠의 창에 숨어
이들의 사랑 행각을 훔쳐
보는 나는 왜 잠들지 못하는가,

밤의 늪을
허우적거리다가 잠을
잊어버리고

생각의 도적 떼에
눈꺼풀마저 빼앗겼지만

그리움만은 손끝에 실어
흔적이 남지 않는 허공에
그려본다

창문에 뜬 달

내가 가진 보물
중에 가장 아름다운 건

외로움이다

어느 곳에서나
빛이 난다

사각의 밤하늘
별이 없는 어두운 마음에

달이 웃는다

혼자라…
혼자가 아니고

밤이라 밤이 아닌 건
네가 있기에…

잠들지 않은

창가에 불빛이
나를 보고 있기 때문이다

비 오는 창 앞에서

구름 속에
흐려진 추억 찾아갔던
마음은
돌아왔는데

바람은 아직 분다

보이지 않아
더 간절하고

잡히지 않아
더 애틋한 그리움 같은 빗소리가

나무에 앉아 운다

우산 없이 가는
한 사내

이미
젖어버린 옷이건만

뭐가 그리 바쁜가,

나 대신 비에 젖고
그리움에 젖어도 좋으련만…

비 오는 날

비가 내린 인도(人道)에는
하늘이 비친다

베란다 난간에
앉은 빗물은 산을 보고

손짓하고

빗소리는 오랜 추억은
기억하고
어제 추억은 간직한다

나무와 풀잎 꽃잎의
빗소리가 다른 이유를 아는가,

빗소리는
비가 쓰는 서정시

비를 맞는다는 건
한 줄의 시어(詩語)가 되고

운율이 되는 것

빗속의 연인은
비 오는 날의 시가 되고 있다

울고 싶은 날

울고 싶은 날 있나요,

울고 싶을 때는
눈물을 흘려보내야 해요

슬픔을
그림자에 숨기는 건

바보 같은 짓,

운다는 건
부끄러운 게 아니에요

나를 위한 사랑이죠

숨기지 말아요
슬픔은 내뱉어야 해요

숨기고 숨길수록
마음만 쓰라릴 테니…

울고 싶은 날은
울어야 해요

우산

하늘이 흐려지고 있다

비가 내린다면
마음이
그리움에 젖을지도 몰라

비 한 방울에, 그리움 한 방울

어떡하지,
한 벌뿐인 마음 벗지도 못하고

마음에 쓸 수 있는 우산은
사랑뿐인데

어디에다 두었는지
찾을 수가 없네

장마

새들은
어디로 숨어 버렸는지,

나는 그 소리
찾고 있는지 모르겠다

하늘은 잿빛의 바다

어둠의
시간은 아직인데

소슬한 바람에
풀잎이 나부끼고

허전한 마음에
소주 한 잔 넘기고 싶다

요즘 예보는
틀림이 없어
한 줄기씩 떨치는 장맛비에

나는 또 너를
얼마나 그리워할는지…

밤비

밤새 하늘이 울더라

창가에 흐르는
빗물은
내가 뱉어버린 아픔

그 모습이 눈물겨워
나도 같이 울었다

가랑비

비가 온다
소리 없는 가랑비에

살며시 젖는
옷자락은 우산 펴면 되지마는

그리움에 젖는
마음의 우산은

너의 미소이건만
그 모습 어디에서 찾을까

비 (1)

비가 오면 울어요
그대 보고 싶어서…

나무를 적시던 빗소리
촉촉한 추억으로
그리움에 젖게 하고 나를 울려요

이렇게 다 울고 나면
하늘이 맑아져
나도 웃을 수 있겠지요

비 (2)

이러긴가요,
창밖을 울려놓고…

그대 생각한 것이
잘못이라면

외로운 마음이
그리움에 흠뻑 젖는다 해도

뭐라 하지 않겠어요

친구야

친구야
인생은 소풍이라 했던가,

이 나이 되도록
그리운 네가 있어
길이 힘들지 않았다

지쳐버린 산마루에서
나를 책임졌던 너,

힘들어야지 추억으로 남는다고
어려운 길을 택하던 너,

사랑하는 사람과 헤어질지도
모른다고,

그 사람에게 보낼 시라고 하면서 나에게
먼저 보내왔던 너,

친구야 그 또한

추억이 되리라 생각한다

내 손이 흙이 되는 날
친구야, 넌 울지 말아라

그것만은 추억으로
만들지 말아라

아름다운 이름

어디에 두어도
아름다운 이름 있습니다

그 사람
어디에 가든

그곳은
아름다워집니다

그대가 있어
세상이 아름다운가 봅니다

찻잔

누가 긴
한숨을 쉬는가,

바람에
구름도 비껴가고

별빛마저
일렁이는 밤

깊은 산중 같은
고독의 기슭을 헤매는
인생 앞에서

손으로
번져오는 너의 온기만

허전한 마음을
따뜻하게 채우고 있구나

반달

너는 모르지,

어젯밤 꿈에
잠자는 너를 보고 왔다는 걸

바람 소리가
너의 단잠을 깨울까 봐

손가락 들어
입술에 대고 바람에 눈을 찡긋한다

짙어가는
밤그림자에 덮인

너의 꿈이
악몽이 될까 봐

둥근 달을
반으로 나눠

한쪽은
너의 창에 걸어놓고

남은 한쪽은 어두운 밤길에
들고 와
내 창밖에 걸어놓는다

가을에는 사랑하고 싶다

철새 떠난 빈 둥지에서
달이 품던 가을이 여름을 깨고 나와

밤하늘에
파란 등불을 켠다

자줏빛 밤알이 익어가는
흰 구름 아래서

누군지도 모르는
그녀를 만나고 싶다

바람 뒤에 숨어서
그녀의 풍만한 가슴에 안기고

아무도 모르게
입술을 훔치고 싶어라

코스모스 반기는
가을엔 사랑하고 싶다

잊는 과정

그래야 했나,
낮이 기운 가을에 떠나야 했나,

이렇게 곧
저녁이 오는데…

쓸쓸함이
나부끼는 버려진 땅에

돋아난 풀들이
바닷물을 길어 와

황폐한 미련에
비를 뿌린들

빗물 고일
웅덩이 하나 없구나,

그대가…

다른 화분에
꽃으로 핀다 해도

어떡하리오,
나 울지 않으리

바람 소리처럼
멀어질 미련의 아픔,

다시 꽃 피는 봄이 오겠지

그대가 보고플 때는

밤하늘의 별을 셉니다
보이지 않는 별까지 세고

떨어지는 별똥별에
소원도 빌어보고

밤바다에 빠진 별도
주어서 셉니다

그대 보고픈 마음
잊기 위해…

밤의 그리움

그리움은 잔잔한
호수에 이는 파문처럼

마음을 헤적이고

우뚝 선 바위에
새겨진 세월의 흔적처럼

퇴색된 추억들을
어둠으로 색칠한 뒤

하얀 기억의 화선지에
뚜렷하게 새겨놓고 가 버린다

그리움이 분다

바람이 분다

구름 속에
달이 지듯 그렇게 분다

바람이 분다

파도 속에
노을 지듯 그렇게 분다

언제 옷자락
스쳐 갈지 모르게

잡아둘 수 없는 바람이
그러하듯 그리움이 그렇게 분다

6월에

이슬 맺힌 아침 뜰에

장미
장미 한 송이
피었다

바라보는 내 마음에

너
너의 생각
붉어진다

너를 닮은 설렘
장미 피는 6월에

그리움의 반복

그렇지
직선이었어

바닥에 박힌 모든 게…

떨어져… 무조건
직선으로 떨어지는 비처럼

그리움이 내
모공에 떨어져 붉은 강을
흘러

마음의 흑해(黑海)가 되어
언제나 모양을 바꾸는

물컹한
뇌로 증발하고

무거워지면 또
떨어져 박히는 그리움의 반복

기어코

기다렸다
작은 섬 등대처럼,

오지 않는 너를… 기다렸다

이젠
잊을까도 하다가

너를 찾아
길을 나선다

꽃

나 여기 와
아련했던 너의 모습

그리운 이슬
이제 와 흐르는가,

실바람에도
쓰라린 마음

돌아서 가는 길에
잊었노라

가을을 보내며

보내기 싫은데
그럴 수밖에 없는 마음을
당신은 아시는지요,

가지에 남아 있는
작은 아쉬움 하나,

잊지 않고 오실걸
알면서도

내가 떠나 있을까 봐
가시는 당신이 그리워집니다

선물

가진 것 없는 손이
부끄러워
주머니 속에서만 꼼지락대고

숫기 없는 성격에
하고픈 말 입안에서만 웅얼거린다

오늘만 하늘이
마법의 능력을 준다면

별이 반짝이는
밤하늘의 상자에 마음을 담아
너에게 주고 싶어

소원

높은 산 오를 때
뒤에서 불어주는 바람 있기를

먼 길 걸을 때
같이 걸어줄 친구 있기를

외로워할 때
눈물 흐르지 않기를

그리고

이별할 때
온몸으로 울어줄 누군가가 되기를

고향

뒷산 바위에 누워
하늘 보는 걸 좋아했다
쏟아져 내리는 그 푸르름이 좋았다

꽃의 몸짓으로 춤추는 봄
새가 부르는 봄의 노래
풀 뜯는 소 등에 탄 봄바람의 감촉이 좋았다

아이의 젖내 같은 햇살이
발아래 마을을 감싸고
아버지 이마에 땀방울로 흘러내림이 그립다

이런 생각

가지에 내린
눈이 녹아 나무는 가벼워졌다

비움인가,
오늘을 어제로 비우는 이유는
내일로 채우기 위함이라

오후 햇살이
고드름 물방울 떨구어
봄을 두드리고

조금씩 비우며 가는
겨울의 어깨를 토닥인다

하늘까지 얼어붙는 듯한 겨울도
쌓인 눈이 녹아서 아지랑이 피어오를 때
어머니 머리에도 꽃이 피겠지

너의 얼굴

매일 보는 거울에
얼굴을 이리저리로 돌려봐도

내 마음은
보이지 않았다

보이지도
않는 것이 아리고 아파서

찍어보는
엑스레이에도 없었다

눈 감아도
선명한 동그라미 속

눈 둘, 코 하나
입 옆에 점 하나

내 마음은
거기에 있었다

마음에 문을 열고

그대를 배웅하고 돌아서 오는 길
벤치 앞 노을이 물들어

나는 눈을 감고
마음에 들어섭니다

파란 하늘
호숫가 들판에

바람을 불러 집을 짓고
새를 불러 나무를 심고
나비 불러 꽃을 피웁니다
오직 그대를 위해서…

바람이
밀어주는 그네에 앉아
한 번은 별의 속삭임을
한 번은 달의 속삭임을
듣습니다

그리고

노을 진 그대 마음속에
그리운 별로 남고 싶습니다

매화가 필 때

맑은 밤하늘에
별빛이 겨울을 주워
먹었나 봅니다

이슬같이 영글 든
매화 꽃망울이 햇볕의 따스한 애무에
튀밥으로 터져 봄이 왔어요

향긋한 향기는
꿈꾸던 봄 처녀의 가슴에 잠들고

아지랑이 봄 햇살은
벚나무 손짓으로 가는 길에
파릇한 희망의 새싹을 틔웠어요

나는, 가지 끝에 핀 꽃잎 위에
그리움 올려두고
그 사람이 주워가길 바라봅니다

파출소와 목련

봄이 온다

진달래 노랫소리
온산에 퍼지는 봄이면

동네파출소
마당에 목련은 흰 연등을 걸고

이곳을 오가던 어긋난
영혼은 하얀 목련을 안고 돌아갔음이다

목련이 떨어진
모습이 지저분하다면
그 마음은 깨끗한지 보아라,

이제 파출소는 문을
닫았지만, 그곳을 지나는
올봄에도 순백의 목련은 피어나겠지

이슬 같은 것

사랑은
이슬 같은 것

햇살에
사라지고 말 것을

내일이면
또 생겨나는 것

죽어도
사랑이라지

오늘은

아침 햇살이
어제도 그러했지만 오늘은
더 맑고

어제의 꽃망울
터질 듯하더니 오늘은
꽃이 되었다

만날 때마다
너는 그러했지만 오늘은
더 예쁘고

너를 사랑하는 마음
변함이 없지만 오늘은

더 사랑해야지

어쩔런가

어쩔런가, 어쩔런가,
벚꽃은 피지도
않았는데 봄비가 내리면…

꽃망울 두드리는
빗소리 듣고
나와서 젖으면 어쩔런가,

어쩔런가, 어쩔런가,
비 그치고 하늘 푸른 날

임이 나비 되어
가 버리면 어쩔런가,

다시 올 날 기다리는
서운한 맘 그리움은 어쩔런가

별

밤하늘에
별이 빛나는 건

어둠 속에서도
하늘이 존재함을 알리기 위해서다

네가
곁에 있어

내가 존재하므로

너 또한 별이구나

찔레꽃

너는 왜 그리움이냐,

여린 꽃 그림자에 찬
애달픈 추억아,

꺾어 물던 새순
가시의 아픔쯤이야 대수인가,

너의 흰 꽃잎이
곱디곱던
울 어머니 얼굴 같아

돌아서기 힘들고

가는 세월을
새끼줄로 동여맬 수 없어

늙어지는 어머니가 설워
가슴이 아파 저려오는구나

시들지 않는 꽃

나비가 꽃에
앉아 날개를 쉬어가듯

구름의 그리움은
물결 위에 머물고

먼 길에 지친 바람은
나무 품에 잠이 든다

이슬에 젖는 것이
내 옷깃만 있을까,

그리운 눈물에
젖는 너의 꽃은

물이 없어도
시들지 않는다

방불

어둠이 찾아온 저녁 하늘에
한 무리의 새가 날아옵니다

계절을 잊지 않은
철새는

밤하늘의 별빛을
길라잡이 삼아 오는데,

나를 잊었나,
길을 잃었나,

가로등도 잠든 밤에
날 찾는 임이
어두울까… 오늘도 방불을 켭니다

겨울밤

한 줄기 밤바람의
서러운 울음이

처마 밑에 머물다
별을 안고 고드름 되어도

촛불의 온기
바느질하는 어머니…

나는 포근한

그 솜이불
속에서 잠이 들더라

눈이 온대요

눈이 온대요

한 송이 두 송이
빈 가지에 내리고 풀잎에
앉아서 눈꽃 되려고 온대요

눈이 온대요

가로등 잠든 밤
그대 창가에 살포시 앉아서
그대 잠든 모습 보러 온대요

눈 내린 하얀 아침에
그대에게 가는 길 위의 첫 발자국이
나였으면 좋겠습니다

사랑비

한파가 찾아왔다

찬 바람이 구러는
밖을 본다

건조한 길가의 텃밭
나부끼는 비닐이 을씨년스럽다

살을 에일 것 같은
겨울의 칼바람도

어머니 품 같은
포근한 봄바람에 고개 숙이고
물러나겠지,

베란다 화분에
연분홍 꽃이 피면

내 마음에도
촉촉한 사랑비 내리겠지

겨울나무

주위가 조용하다

읽던 책 접어두고

언제부터 왔을까,
겨울비가 내리고 있었다

도로가 얼기라도 하면
동생 퇴근길 힘들 텐데…

비 그치고 추워지면
울 어머니 무릎 시려 올 텐데…

오롯이

겨울나무만이
그 비를 맞고 있었다

춘우(春雨)

창밖은 잿빛이다

마음이
달그락거리며

그리움의
싹을 틔우나 보다

책상 위에 무엇을
끼적이는 손가락

새겨지지 않으니
볼 수 없는 이름을 적었다

봄비가 그 흔적
따라서 내린다… 너

주어진 시간이 아니다

꽃이 봄에만
피지 않는 이유는

기다림은 주어진
시간이 아니기 때문이다

봄이어야 한다면
기다림은 시간이 되고 우리는

기다려야 한다

만남까지의 시간이
지루한 기다림이었다면 가슴이

울렁거리는
설렘은 없었을 것이다

꽃이 피기까지
너를 만나러 가기까지의

기다림은
주어진 시간이 아니다

그리움

음악이 흐르는
카페 창가에 앉아
외로운 커피를 마신 적 있는가,

문득 내다본
창밖의 뒷모습에
마음 빼앗긴 적도 있는가,

그렇다면
그것은 그리움이다

가을이다

나뭇잎마다
톡톡 터지는 가을이 붙었다

바람이 헤적일 때마다
반짝하고 빛나는 가을,

너의 사랑과
교환하고 싶다

하늘거리는
꽃잎을 외면하는 사랑아

그러지 말아라,
가을이다

그리운 것

너를 생각나게 하는
모든 것이
나에겐 그리움이다

같이 가던 카페
테이블에 놓인 꽃도 그리움이고

네가 열고 들어오던
문의 종소리도 그리움이다

커피 한 잔의
그 향에도
네가 그리워지는 건

너도 어디선가
나를 그리워하기 때문이겠지

그리운 사람

책 한 장 넘길 때마다
너의 입맞춤이
있다면 책이 두꺼워도 좋을 텐데

가로수 한 그루 지날 때마다
너를 안을 수
있다면 길이 멀수록 좋을 텐데

내가 꿈을 꾸고 있는 한
너는 언제나 그리운 사람이다

홍시

강물은 하늘을 담아
흐르는 모습이 푸르고

가을 산은 터지는 불꽃
마음이 붉다

주황 옷
입은 감나무 아래

빠알간
가을이 달다

안심

아내가 운다

가슴이 덜컹!
내가 무엇을 잘못했나…

나지막이
아내를 불렀다

두 눈에는 눈물이 글썽!
손에는 양파가 들려 있다

휴…

그 집

그 집은 대문이 없습니다
누구든 오라 합니다
마당엔 옹기종기 햇볕이 내려앉아
꽃들과 얘기를 하고
들어오는 바람도 손 인사만 하고 앉지요

작은 창 안에는
아이가 자고 있습니다
쉿! 조용히 하세요
햇살은 창문을 넘어가
뒤척이는 아이를 토닥입니다

밤이 오면
그 집 뜨락에는 신발 두 켤레가
들어와 앉습니다
도란도란 말소리와 아이의 웃음소리가
불빛 타고 나오면
마당에는 별들이 내려와 창문에
귀 기울입니다

처마 밑에 앉은 귀뚜라미 자장가 소리에
아이가 조용히 잠이 들면
그 집도 살포시 잠이 듭니다

시골길

가을은
한층 더 익어가고

시골길 달리는 시내버스
창밖으로

너울의 들녘이
파도처럼 두 눈에 부서진다

과수원의
붉은 단 향은 마른 입술에

혀의 노동으로
침을 바르게 하고

마을 어귀에
내리시는 할머니를

코스모스가
줄지어 마중 나왔네

솟대

먼 하늘
먼 산만 바라보며

날 찾는
슬픈 나무 새

작은 씨앗으로
날아와
자기 밑에 꽃으로 핀 줄 모르고…

별은

별은
요술을 부리는지도 몰라

바람은
불어오다 창에 부딪혀
떨어지지만

별은
창에 아무런 상처도
주지 않고 들어와 품에 안기듯,

이별도
마음에 상처 주지 않았으면 좋겠어

새해

해야 솟아라!
밝은 새해야 솟아라!

너의 찬란한 수레에
실린 희망을
내 기꺼이 받으리라

너의 빛이
아침을 비추면

오는 봄날의 땅에
꿈꾸어 온 꽃을 피우리라

타인

사랑으로 맺어진
연리지같이

영원할 것만
같던 우리의 인연도

나 늙고 향 잃으면
잊히고 마는가,

우리가
다음 생이 있다면

너… 기억하고
나… 잊었을 때

혹시라도
나 만나거든,

한마디만 해주시게

다시 만나
반갑다고… 이거면 족하겠네

이별 후

생각하려
애쓰면 무엇하나,

기억은 시간 속에
저무는데

꽃은 속절없이
피어나니

빈 산에
흰 구름만 한없어

설움에 젖었던
손수건은

잔바람에 마른 지
오래여라

먼 훗날

그대여
아주 먼 훗날에

이 세상
다시 온다면

꽃으로
피어나 살기를…

나는
꽃을 바라는

나비로 오리라

꽃 바보

그대는
꽃으로 피어나

사랑이란
이름을 가졌고

나는 꽃만
좋아하는 바보가 되었다

삼일절

그날도 햇살 좋은
봄날이었을까,

부르짖던 그 외침을
하늘은 듣고 오늘의 매화를
피웠으니…

보라,

저 하늘
그날의 하늘이다

펄럭이는 깃발은
오늘이 준 기쁨의 함성이다

너도나도 우리 모두
잊지 말기를 그날의 함성을

들어라,
그날의 만세 소리

외쳐라,
만세 삼창… 대한민국 만세! 만세! 만세!

기다림의 플랫폼

그리움의 평행선은
어느 곳에서 멈춰야 할지 모르고

엷어가는 조명등
낡은 거미줄에 갇힌 기다림이
애처로워 어둠은 주위에 머문다

한 방향만
바라보는 시선 중에

귀는 바닥에
등 대고 소리 없는 침묵을 들을까,

밤은 별빛으로
길이 되지만
먼 산 넘는 새벽으로 사라진다

기다림 (1)

나무에 귀를
대어 봅니다

여울에 놓인
구름다리 건너오는

봄바람
소리 들리는지…

약속은 없었지만
미련이 남아서,

벚꽃길 걸어
그대 올까 봐

그리움 담긴 찻잔을
앞에 두고
창밖만 바라봅니다

구절초

가을이 되고 싶어
피어난 꽃이여

방천길 따라
바람 되어 걸어갈 때

강물에 비친
얼굴을 부끄러워하는
여린 꽃이여

화려하지 않아

어머니같이
예쁜 꽃이여

밤이면 지상의
별이 되는 나의 구절초

네가 지면
이 가을도 가고 말겠지

기운다

그리움은
달마저 기울게 한다

모두 죽은 밤

소리 없이
찾아오는 바람에

부끄러운

꽃은
고개를 숙이고

어둠 속 불 켜진

창에
위안받는 이 있으려나,

오늘도 나는
달과 같이 기운다

가을밤

풀벌레 소리도 잠이 든
가을밤

어둠이 고요해
별들의 숨소리가 들린다

바람은 왜 불어와
잠든 나무를 자꾸만 깨울까,

그 소리 애달파
그리움이, 그리움이 그리워

텅 빈 가슴을
너의 생각으로 채운다

네가 모르는
시간 동안 가을은

잎사귀 한 잎 두 잎
고운 색으로 물들어간다

여명

안아라, 저 아이를

어둠을 헤치며 오는
저 아이를

철봉 잡고
삐걱대는 시곗바늘도
찬양한다

매시간 꿇어앉아
있을 수 없으니

들어라, 저 소리를

잠에서 일어서는
새소리를

아이의 눈이
산을 밝힐 때

나는

희망의 굴렁쇠 굴리며
너에게 가리라

마음

하늘을 닮아
강물은 푸르게 흐르고

봄을 뽐내는
꽃이라 해도 그대의
아름다움은 따를 수 없고

매혹적인
향기를 가지고 있는

오월의 장미가
제아무리 붉다고 한들

그대 사랑하는
내 마음만큼이나 허리요

독도

그 누가
외로움 모르리오,

그 누가
고마움 모르리오,

풍파에도 굳건한 그 모습이
대견하다 못해 슬프도다

너의 마음
가지려는 이들에게 외치노니

그 마음
우리 것이니

김칫국물 먹고 속 차려라!

헤어지자란 말

맑은 연못 속을 보듯
내 마음 보여줄 수 있다면
그 말 하지 않을 텐데,

귤껍질 까듯
내 마음 뒤집어 보여줄 수 있다면
그 말 하지 않을 텐데,

문을 열고 방에 들어가듯
내 마음에 들어올 수 있다면
그 말 하지 않을 텐데,

그대여 그 말을
가슴속에 담아두었다가
우리 눈이 돌로 변하여
어둠만 볼 수 있을 때,

그때 하기로 해요

가을비가 오려고 한다

가을비가
오려나 보다
커피를 내려야겠다

적막이 비보다 먼저 내려
먹먹함이 마음을 채우고

바람은 창에
부딪혀 슬프게 울어보지만
문을 열어줄 생각은 없다

추억에 아롱지는
커피 향

마음껏 사랑하지 못했던
너와의 시절들
미안한 마음에 우산을 씌워
너에게 보내고 싶다

빈집

어젯밤에
보았던 집의 불빛은

별빛이었나
봅니다

주인 없는 마당엔
감나무 한 그루 집을 지키고

한 쌍의
들고양이
아침 햇살을 즐기는 뜨락

바람이 앉은 마루에
나도 잠시 앉았다 갑니다

희석

가슴이 아린 건
사랑이 아닐 거라고
사랑이 아니라고 생각했는데,

저녁에서 밤으로
그리움이 여울여울*거린다

도시의 밤을 밝히는
건물들의 불빛들도 먼
산의 어둠까지 밝히지 못하고
떠들썩한 경쾌한 음악도
취해가는 술잔도 내 그리움은

희석하지 못한다

---

*불이 조용하게 타는 모양

빨간 대문집

빨간 대문집 마당에는
감나무가 한 그루 있었다

주황색 이야기가
알알이 익어가는 가을이면
맑은 하늘빛에 투명한 빨간 홍시가

꼭! 손 닿지
않을 곳에 달려 있었는데

잠자리에 누워도
그 달콤함이 눈에 어려

긴 장대 들고
올려다 보니
둥근달이 감나무에 달려 있어,

장대 끝에
달만 걸어본다

아침에 올려다본 홍시는
"에라 모르겠다" 하며,
마당에 철퍼덕 앉아 버린다

처서(處暑)

귀밑에
스치는 바람이 몸을
움츠리게 하고

비에 젖는
풀잎은 가는 여름에 인사하듯
고개 숙이는데

작은 사늘함에
바삐 발 옮기는 길가의 나무 틈에서
귀뚜라미 소리 들리어 오누나

사랑이란

사랑이란
하늘의 별이라도
따다 주고 싶은 마음도 있지만

사랑이란
작은 것 하나라도
먼저 생각해주는 마음도 좋지만

진정 사랑이란
이 세상 마지막까지
곁을 지켜주는 것이다

길

혼자 걷는
길이여도 멀게 느껴지지
않는 이유는

그대 생각
가슴에 있어
함께 하기 때문입니다

이 길이
멀고 힘들다고 해도

그대 생각
함께라면
나에겐 꽃길입니다

이렇게

바람에 놀던 꽃잎
마음에 담으니 사랑의

배 되어
그리움에 노닌다

잊었겠지… 했는데,

이렇게

꽃잎 하나에도
가슴이 일렁이는 걸 보니

옛 시절
사랑의 종소리가
아직도 퍼지고 있나 보다

그대 오려는가

그리운 그대
오늘 밤에 오려는가,

늦봄의 저녁
피부에 와닿는 바람이

소름 돋게
마음을 들뜨게 하고

왜 이렇게 하늘은
밖으로 나오라 하는지…

그대 올 길에
별이 없어
어둡기라도 하다면

나의 창가에 불 밝혀 놓으니
장미 향 길 따라와 줘도

좋겠소

어머니께

흰 머리 생겼을 때
염색할 생각뿐이었지,

어머니 머리에 핀
흰 벼꽃은 생각지 못했습니다

눈가에 주름이 보일 때
내 나이 걱정뿐이었지,

어머니 얼굴에 굵게
패인 세월은 생각지 않았습니다

비 내리던 밤에
내일(來日)을 걱정했지,

어머니 걸어가실
내일의 길은 생각지 못했습니다

아침을 비춘 햇빛이
서산에 천혜향 노을로 물듦을

당연함으로 알고,

어머니 늙으심도 세월 탓으로
생각한 불효자가 접니다

죄짓지 말아라, 하신 말씀…
못난 놈은 어머니께 죄인입니다

사랑하는 나의 어머니
제가 보는 이 하늘을
긴 시간 같이 볼 수 있게 오래도록
곁에 계셔주세요

4월의 끝날

봄비가
4월을 재촉한다

이렇게,
내가 맞이했던

또, 하나의 봄은

가는가,

잎만 가진 벚나무는
무성한 그림자를 짓고

꽃들은
밑동 개찰구에 서서

다음번
봄 기차를 기다린다

봄은 가고

알면 사랑한다

하늘이 만드는
그림자 아래

당신 품에서

설레는 꽃바람 향기
따뜻한 햇볕이

모공을 지나 가슴을 채우고
날숨으로 빠져나갈 때

서로가 떠남과 남음을
알기에

아쉬운 마음,
그리움의 한 잔으로 마신다

벚꽃

지난밤은 하늘도
눈을 감고 잠이 들었다

어둠은 하늘과
땅의 경계를 지워버리고

오는 시간이
빨라진 아침, 상쾌한
걸음으로 강가를 걷는다

하늘은 밤새
연분홍 꽃눈을

벚나무
가지에 뿌려놓았나,

향기가 없어
나비가 오지 않는
꽃이라 해도

분 냄새 향긋한
어여쁜 아씨들이 찾아오는 꽃
벚꽃이어라

아버지께서 생각하시겠지

달빛은
갈댓잎에 내려앉고

지친 바람결은
호수 위에 잠이 드네

이 내 몸 살던 집은
불빛도 밝건만

갈 길을
잊은 지 오래여라

하지 못하고
품었던 말 많은지고

아끼고 아끼다가
먼 훗날에 썩어졌네

내가 흘린
눈물의 강 건너고서

후회한들
무엇하나…

만날 날
언제일지 모르지만

우리 다시 마주 서면
웃으며 손잡으리

봄노래

짧은 2월의
소나기가 사그라든다

기다리던 봄은
버들강아지 애교에 반해

자박자박
개울을 건너서

세상의 심장에
꽃을 피우러
산새들 소리 따라 다가온다

그리움은 바람처럼

때로는 살짝이
때로는 갑자기

언제든 어디든

찾아와
마음을 휘젓고 사라진다

아득히 멀어진 길 끝에는
아무도 없는 듯 고요한데

내 심장의 박동인가,
잎새 하나 흔들린다

그대 떠난 빈자리
소리 없는 눈물이 흐르고

마음속 외로운 숲에
그리움이 숨어 운다

기다림 (2)

거미가 집을 다 지었다

가지에 남긴
바람의 여운도 사라지고

생각만 더해간다

어스름해진 하늘에
기러기
집을 찾아가고

노을이 옅어질 때쯤

벤치의 손을 놓고
돌아서는 눈가에 떨치는
눈물 한 조각

그림자 떠난 자리에
별들의 꽃이 피겠지

창밖에는

나무를 헤적이는
바람 끝으로
새 한 마리 날아오르고

파란 하늘 저편에
내 한숨이
구름 되어 산을 넘는다

헛헛한 허리 곁에
내미는 손은
그 무엇도 잡을 것 없고

누구의 한숨인가,
먼 산 너머
구름 한 점 생겨온다

추운 날

하늘을 원망하듯
널브러져 있는 휑한 보도블록을
스치는 얼음 바람

체감 온도는 시베리아보다
몇 배나 더 낮은
느낌이지만

봄이 오면
언제인 듯 잊어버릴걸

하지만,

네가 주고 간
마음의 추위에는 봄이 오기나 할는지…

그것은 그리움

서쪽 하늘 어두워지면

밤은 피리를 불며
나를 어둠의 사막으로

몰고 간다

그곳은 마른 목조차
축일 수 있는 신기루도 없고

벗어나기 위해
방으로 뛰어들어 불을 켜본들

어둠은 창밖을
둘러싸고 있다

이보다 더한
압박이 있다면

그것은

그리움

너를 그리워함은
때도 없고

물을 마셔도 목은
언제나 마른다

봄길

혼자라 느껴질 땐
길을 걸어요
추억이 다가와 친구가 되고

따뜻한 봄 햇살이
마음에 들어
길섶의 꽃이 예쁘게 보일 테죠

걸음마다 발끝에
부서져 버린
외로움은 먼지로 사라지고

구름 없는 하늘은
개울 언덕에
희망의 노란 나비 부를 테죠

봄길의 풍경 속에
주인공 되어
행복을 주는 꽃처럼 살아요

매화

너를 보려
나 여기 왔나,

작은 꽃이어도
그 향기 다 가질 수 없네

여인의
애달픈 정조인가,

한때의
그리움…

햇볕 속의
눈꽃이 되었구나

꽃이라 한다

넌 언제부터 꽃이었나,

태초에 생겨난 것은
이름이 없었다

불러주지 않고

보고만 있음은
설렘에 지나지 않았다

이름이 없던
바람도 설렘
나무도 설렘

마시고 내시는
공기도 설렘이었다

그렇게

이름 아닌,

설렘이었던 들판에

아름다운
그 무엇을 꽃이라 칭했을 때

팔이 생겨나고
다리가 생겨나 내게로 왔다

그래서 너를 꽃이라 한다

중년

꽃 피는
봄이라 하니

괜스레 마음 설레고

기분도
한청 들뜨니

아직은 청춘인가 보다

봄바람

어허, 저놈 보게
앙큼한 짓 하네

따뜻한 햇볕의
미풍으로 솔솔솔 다가와

점심 먹고
쉬는 노인의

눈꺼풀 내려놓고

이제는

벚꽃잎 꼬드겨
어여쁜 처녀의 치마를
들치려 하네그려

밤하늘 아래서

외롭다 한들
외로움이 가실까,

그립다 한들
내 님이 오실까,

바람에 나부끼는 잎처럼
마음만 일렁인다

아무리 사랑한다 해도
외면하는 모순이여

밤하늘에
별 하나 반짝이길 바라나요,

불빛을 잃은
가로등 아래서 밤을 밝히는

그대의 별이 되는
상상에도 행복해집니다

봄의 끝자락에 내리는 비

짧기만 하여
만남이라 하고

길기만 하여
기다림이라 하는 게요,

언제 오셨다고…

가슴팍에 제비꽃
멍에를 남겨놓고

아쉬움의
눈물을 흘리는 게요,

하늘도 얄미워서
고개 돌려 별을 숨기고

어둠만 짙어져

가로등을

켜드리외다

오실 적에 그러했듯
가실 적에도 소리 없이 가시구려

겨울을 말한다

어둠이 멀어진 만큼
나의 침묵은 길어지고

땅속에 묻힌
영혼의 냉기가 증발하는

수증기처럼 피어올라
겨울은 시작된다

벌레도 땅속에
몸을 맡겨 잠을 청하고

산골짝의 흐르는 물도
산새 소리 재우는데

바람과 나무만이
깨어 있어

바늘 같은 소리로
관절의 틈을 파고든다